AF205653

Impressum
Verlag: BABADADA GmbH, Nedderfeld 112 , 22529 Hamburg
Geschäftsführer / Verlagsleitung: Harald Hof
Druck: Books on Demand GmbH, In de Tarpen 42, 22848 Norderstedt

Imprint
Publisher: BABADADA GmbH, Nedderfeld 112 , 22529 Hamburg, Germany
Managing Director / Publishing direction: Harald Hof
Print: Books on Demand GmbH, In de Tarpen 42, 22848 Norderstedt, Germany

skola
escuela

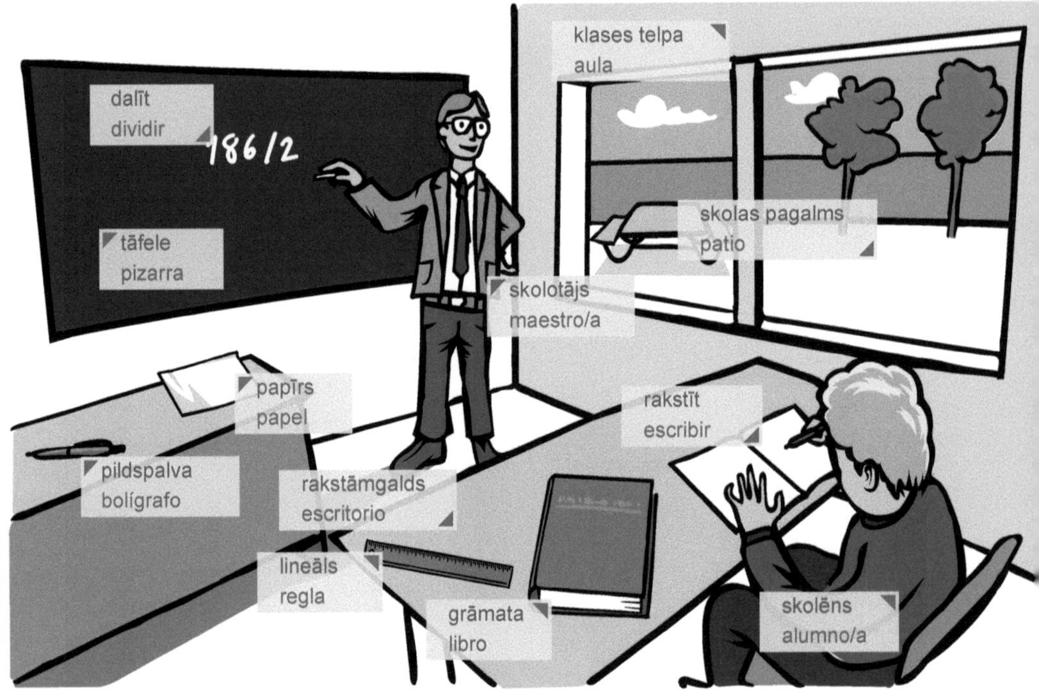
klases telpa
aula
dalīt
dividir
186/2
tāfele
pizarra
skolas pagalms
patio
skolotājs
maestro/a
papīrs
papel
rakstīt
escribir
pildspalva
bolígrafo
rakstāmgalds
escritorio
lineāls
regla
grāmata
libro
skolēns
alumno/a

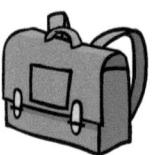

skolas soma

cartera

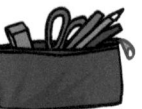

penālis

caja de lápices

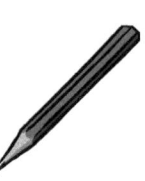

zīmulis

lápiz

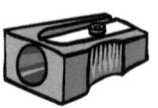

zīmuļu asināmais

sacapuntas

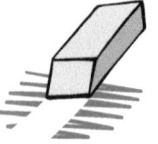

dzēšgumija

goma de borrar

zīmēšanas bloks

cuaderno de dibujo

zīmējums

dibujo

ota

pincel

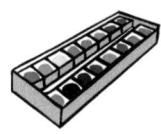

krāsas

caja de pinturas

šķēres

tijeras

līme

pegamento

darba burtnīca

cuaderno de ejercicios

mājas darbs

deberes

skaitlis

número

saskaitīt

sumar

atņemt

restar

reizināt

multiplicar

rēķināt

calcular

burts

letra

alfabēts

alfabeto

vārds

palabra

teksts

texto

lasīt

leer

krīts

tiza

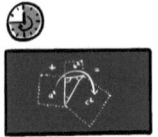

mācību stunda

lección

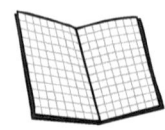

žurnāls

cuaderno de notas

eksāmens

examen

liecība

certificado

skolas forma

uniforme escolar

izglītība

educación

enciklopēdija

enciclopedia

universitāte

universidad

mikroskops

microscopio

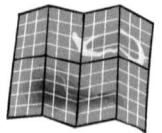

karte

mapa

papīrgrozs

papelera

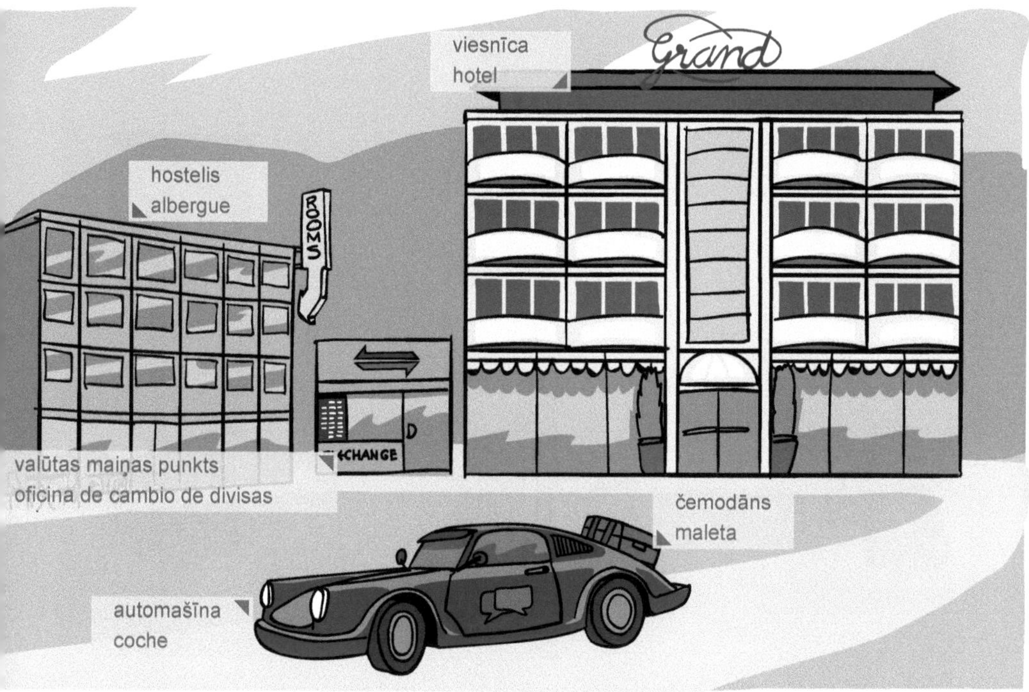

viesnīca
hotel
Grand
hostelis
albergue
ROOMS
valūtas maiņas punkts
oficina de cambio de divisas
čemodāns
maleta
automašīna
coche

Valoda
idioma

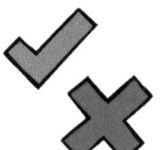

jā / nē
sí / no

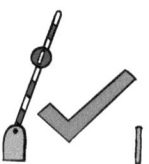

Okay
Vale

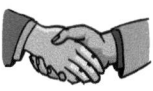

Sveiki!
hola

tulks
traductor

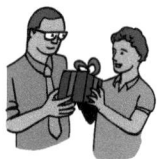

paldies
Gracias

Cik maksā…?

¿cuánto es…?

Es nesaprotu

No entiendo

problēma

problema

Labvakar!

¡Buenas tardes!

Labrīt!

¡Buenos días!

Ar labu nakti!

¡Buenas noches!

Uz redzēšanos

adiós

virziens

dirección

bagāža

equipaje

soma

bolsa

mugursoma

mochila

viesis

invitado

istaba

habitación

guļammaiss

saco de dormir

telts

tienda de campaña

tūrisma informācija

información turística

pludmale

playa

kredītkarte

tarjeta de crédito

brokastis

desayuno

pusdienas

almuerzo

vakariņas

cena

biļete

billete

lifts

ascensor

pastmarka

sello

robeža

frontera

muita

aduana

vēstniecība

embajada

vīza

visa

pase

pasaporte

transports
transporte

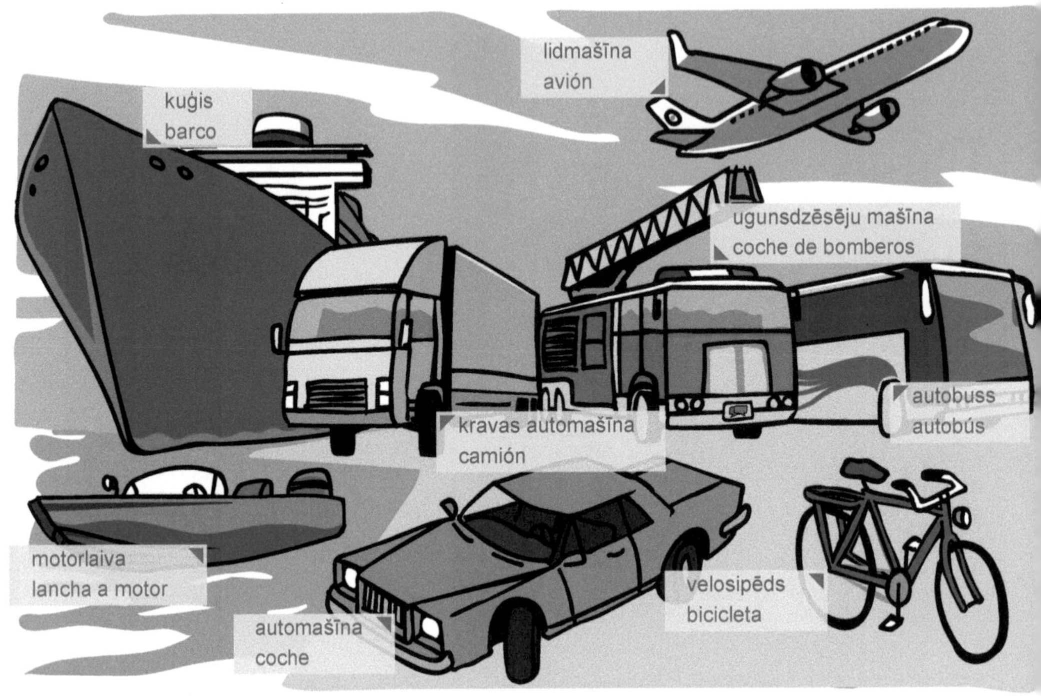
lidmašīna
avión
kuģis
barco
ugunsdzēsēju mašīna
coche de bomberos
autobuss
autobús
kravas automašīna
camión
motorlaiva
lancha a motor
velosipēds
bicicleta
automašīna
coche

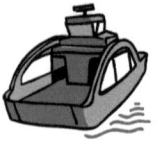

prāmis

transbordador

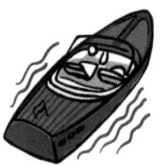

laiva

barca

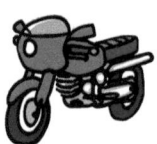

motocikls

moto

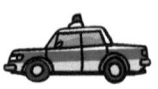

policijas automašīna

coche de policía

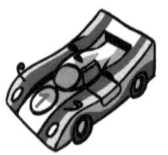

sacīkšu automobilis

coche de carreras

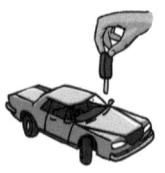

nomas auto

coche de alquiler

auto koplietošana

préstamo de vehículos

evakuators

grúa

atkritumu mašīna

camión de la basura

dzinējs

motor

benzīns

gasolina

degvielas uzpildes stacija

gasolinera

ceļa zīme

señal de tráfico

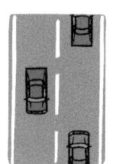

satiksme

tráfico

sastrēgums

atasco

stāvvieta

aparcamiento

dzelzceļa stacija

estación de tren

sliedes

vías

vilciens

tren

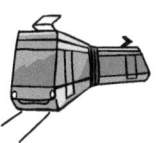

tramvajs

tranvía

vagons

vagón

helikopters

helicóptero

lidosta

aeropuerto

tornis

torre

pasažieris

pasajero

konteiners

contenedor

kaste

caja de cartón

ratiņi

carretilla

grozs

cesta

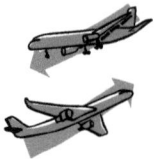

pacelties / nosēsties

despegar / aterrizar

pilsēta

ciudad

ciems

pueblo

pilsētas centrs

centro de ciudad

māja

casa

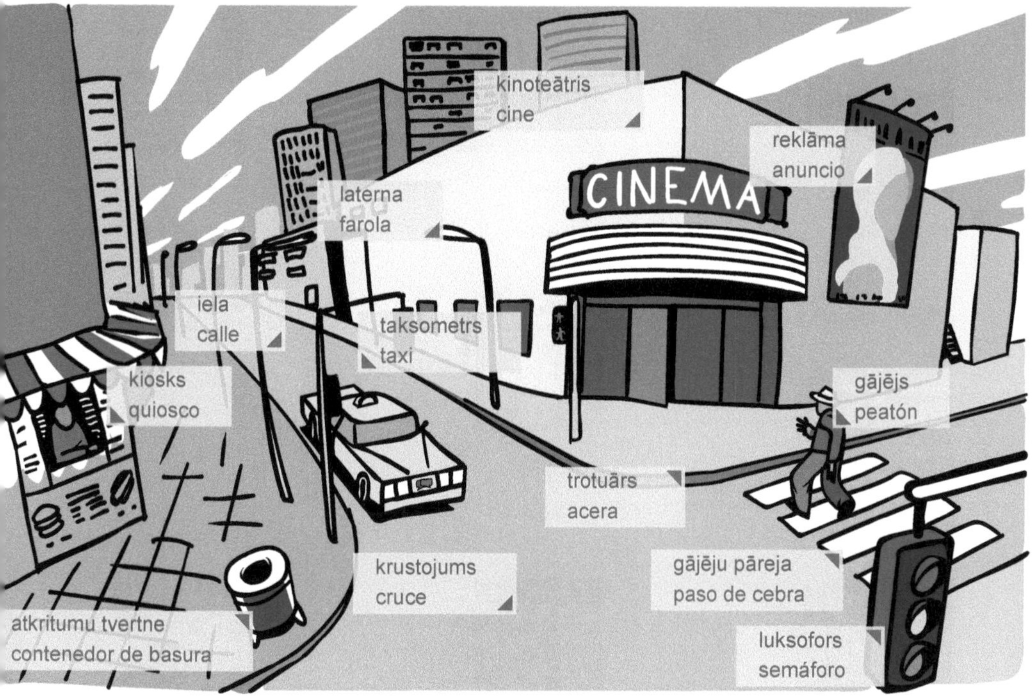

kinoteātris
cine

reklāma
anuncio

laterna
farola

CINEMA

iela
calle

taksometrs
taxi

kiosks
quiosco

gājējs
peatón

trotuārs
acera

krustojums
cruce

gājēju pāreja
paso de cebra

atkritumu tvertne
contenedor de basura

luksofors
semáforo

būda

cabaña

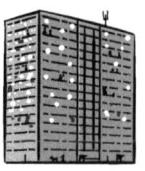

dzīvoklis

apartamento

dzelzceļa stacija

estación de tren

rātsnams

ayuntamiento

muzejs

museo

skola

escuela

universitāte

universidad

banka

banco

slimnīca

hospital

viesnīca

hotel

aptieka

farmacia

birojs

oficina

grāmatnīca

librería

veikals

tienda

ziedu veikals

floristería

lielveikals

supermercado

tirgus

mercado

tirdzniecības centrs

grandes almacenes

zivju tirgotājs

pescadería

tirdzniecības centrs

centro comercial

osta

puerto

parks
parque

sols
banco

tilts
puente

kāpnes
escaleras

metro
metro

tunelis
túnel

autobusa pieturvieta
parada de autobús

bārs
bar

restorāns
restaurante

pastkastīte
buzón

ielas nosaukuma plāksne
poste indicador

stāvlaika skaitītājs
parquímetro

zooloģiskais dārzs
zoo

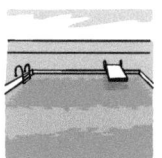

peldbaseins
piscina

mošeja
mezquita

zemnieku saimniecība

granja

vides piesārņojums

contaminación

kapsēta

cementerio

baznīca

iglesia

spēļu laukums

patio de juego

templis

templo

ainava

paisaje

lapa
hoja

ceļrādis
señal

ceļš
camino

pļava
prado

akmens
piedra

koks
árbol

ceļotājs
excursionista

upe
río

zāle
hierba

puķe
flor

ieleja

valle

kalns

colina

ezers

lago

mežs

bosque

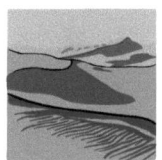

tuksnesis

desierto

vulkāns

volcán

pils

castillo

varavīksne

arcoíris

sēne

champiñón

palma

palmera

moskīts

mosquito

muša

mosca

skudra

hormiga

bite

abeja

zirneklis

araña

vabole

escarabajo

varde

rana

vāvere

ardilla

ezis

erizo

zaķis

liebre

pūce

lechuza

putns

pájaro

gulbis

cisne

meža cūka

jabalí

briedis

ciervo

alnis

alce

aizsprosts

presa

vēja ģenerators

turbina eólica

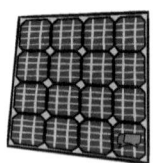

saules baterija

panel solar

klimats

clima

restorāns
restaurante

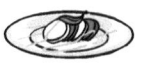

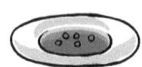

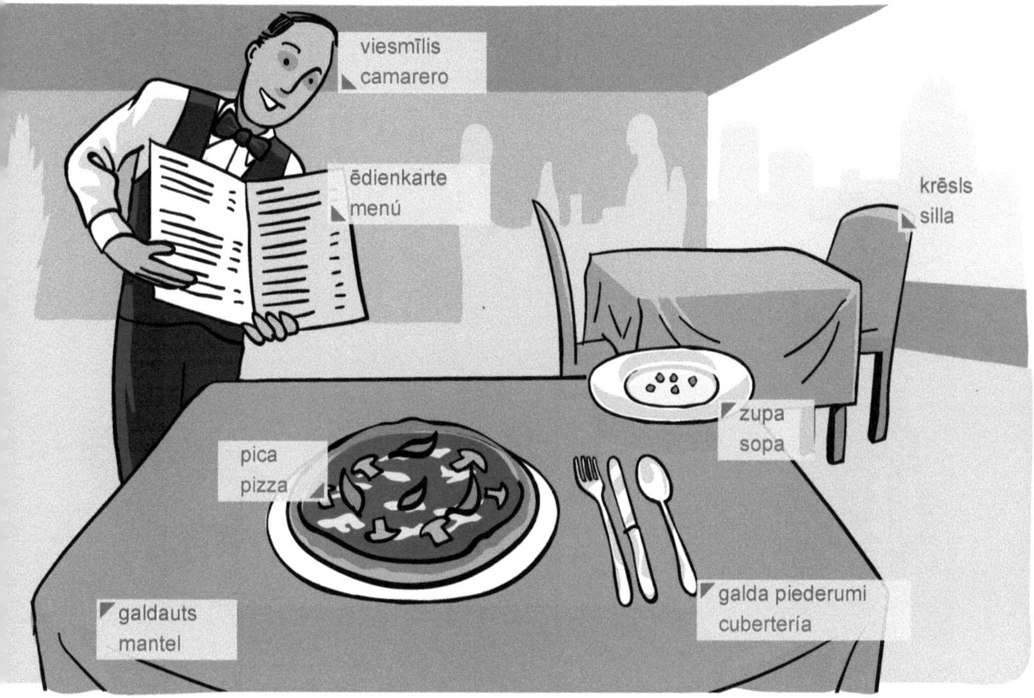
viesmīlis
camarero
ēdienkarte
menú
krēsls
silla
zupa
sopa
pica
pizza
galda piederumi
cubertería
galdauts
mantel

uzkoda

primer plato

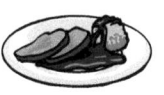

pamatēdiens

plato principal

deserts

postre

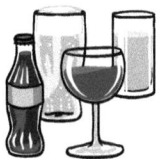

dzērieni

bebidas

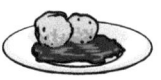

ēdiens

comida

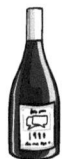

pudele

botella

ātrās uzkodas

comida rápida

ielu uzkodas

comida callejera

tējkanna

tetera

cukurtrauks

azucarero

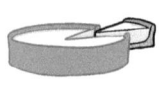

porcija

porción

espresso kafijas automāts

cafetera expreso

bāra krēsls

trona

rēķins

cuenta

paplāte

bandeja

nazis

cuchillo

dakša

tenedor

karote

cuchara

tējkarote

cucharilla

salvete

servilleta

glāze

vaso

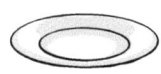

šķīvis

plato

zupas šķīvis

plato hondo

apakštase

platillo

mērce

salsa

sāls trauciņš

salero

piparu dzirnaviņas

molinillo de pimienta

etiķis

vinagre

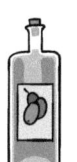

eļļa

aceite

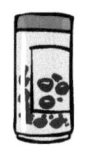

garšvielas

especias

kečups

ketchup

sinepes

mostaza

majonēze

mayonesa

lielveikals
supermercado

piedāvājums
oferta especial
FOR
klients
cliente
piena produkti
lácteos
augļi
fruta
iepirkumu ratiņi
carro de la compra

BUTCHERS

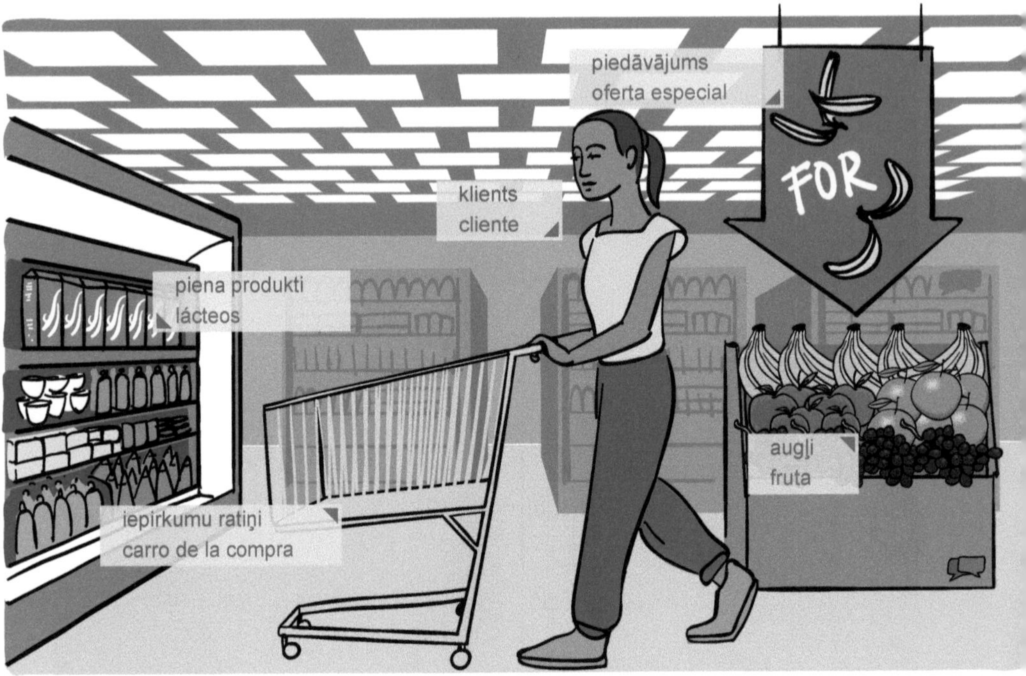

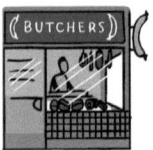

kautuve

carnicería

BAKERY

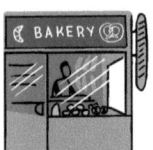

maizes veikals

panadería

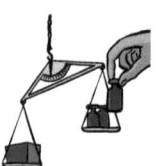

svērt

pesar

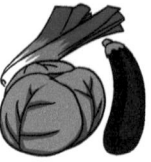

dārzeņi

verduras

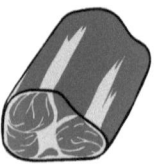

gaļa

carne

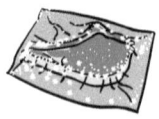

saldēti produkti

alimentos congelados

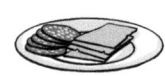

aukstās gaļas uzkodas

fiambres

konservi

conservas

pulveris

detergente en polvo

saldumi

dulces

mājsaimniecības preces

productos de uso doméstico

tīrīšanas līdzeklis

productos de limpieza

pārdevēja

vendedora

kase

caja

kasieris

cajero

iepirkumu saraksts

lista de la compra

darba laiks

horario de atención al público

maks

cartera

kredītkarte

tarjeta de crédito

soma

bolsa

maisiņš

bolsa de plástico

ūdens

agua

sula

zumo

piens

leche

kola

cola

vīns

vino

alus

cerveza

alkohols

alcohol

kakao

cacao

tēja

té

kafija

café

espresso

expreso

kapučīno

capuchino

banāns

plátano

ābols

manzana

apelsīns

naranja

melone

melón

citrons

limón

burkāns

zanahoria

ķiploks

ajo

bambuss

bambú

sīpols

cebolla

sēne

champiñón

rieksti

avellanas

makaroni

fideos

spageti

espagueti

rīsi

arroz

salāti

ensalada

frī kartupeļi

patatas fritas

cepti kartupeļi

patatas fritas

pica

pizza

hamburgers

hamburguesa

sviestmaize

sándwich

šnicele

filete

šķiņķis

jamón

salami

salami

desa

salchicha

vista

pollo

cepetis

asado

zivs

pescado

ēdiens - comida

auzu pārslas

copos de avena

muslis

muesli

brokastu pārslas

copos de maíz

milti

harina

radziņš

cruasán

brokastu maizītes

panecillo

maize

pan

tostermaize

tostada

cepumi

galletas

sviests

mantequilla

biezpiens

cuajada

kūka

pastel

ola

huevo

cepta ola

huevo frito

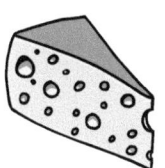

siers

queso

ēdiens - comida

saldējums

helado

cukurs

azúcar

medus

miel

marmelāde

mermelada

riekstu krēms

crema de turrón

karijs

curry

zemnieku saimniecība
granja

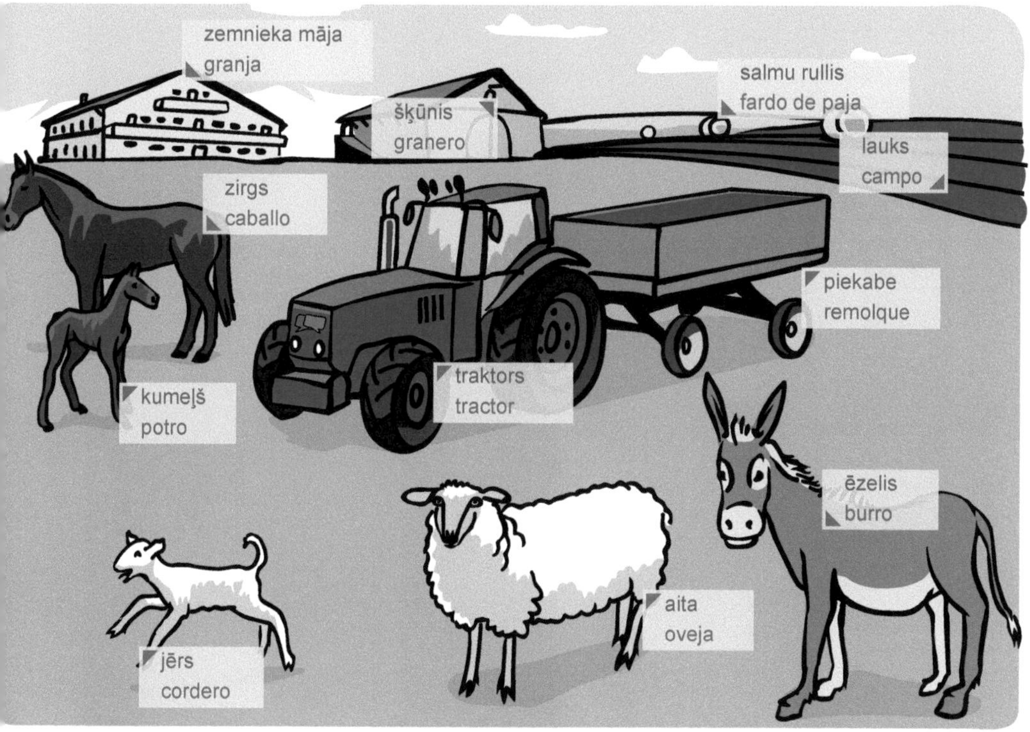
zemnieka māja
granja
šķūnis
granero
salmu rullis
fardo de paja
lauks
campo
zirgs
caballo
piekabe
remolque
traktors
tractor
kumeļš
potro
ēzelis
burro
aita
oveja
jērs
cordero

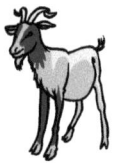

kaza

cabra

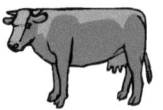

govs

vaca

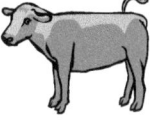

teļš

ternero

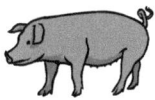

cūka

cerdo

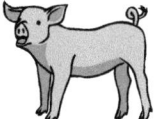

sivēns

cerdito

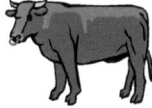

bullis

toro

zoss
ganso

pīle
pato

cālis
pollo

vista
gallina

gailis
gallo

žurka
rata

kaķis
gato

pele
ratón

vērsis
buey

suns
perro

suņa būda
perrera

dārza šļūtene
manguera

lejkanna
regadera

izkapts
guadaña

arkls
arado

sirpis
hoz

kaplis
azada

mēslu dakša
horca

cirvis
hacha

ķerra
carretilla

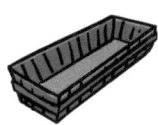

sile
abrevadero

piena kanna
lechera

maiss
saco

žogs
valla

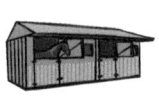

kūts
establo

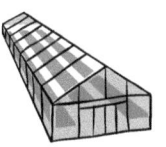

siltumnīca
invernadero

augsne
suelo

sēklas
semilla

mēslojums
fertilizador

kombains
cosechadora

novākt ražu

cosechar

raža

cosecha

jamss

ñame

kvieši

trigo

soja

soja

kartupelis

patata

kukurūza

maíz

rapsis

semilla de colza

augļu koks

árbol frutal

manioka

mandioca

labība

cereales

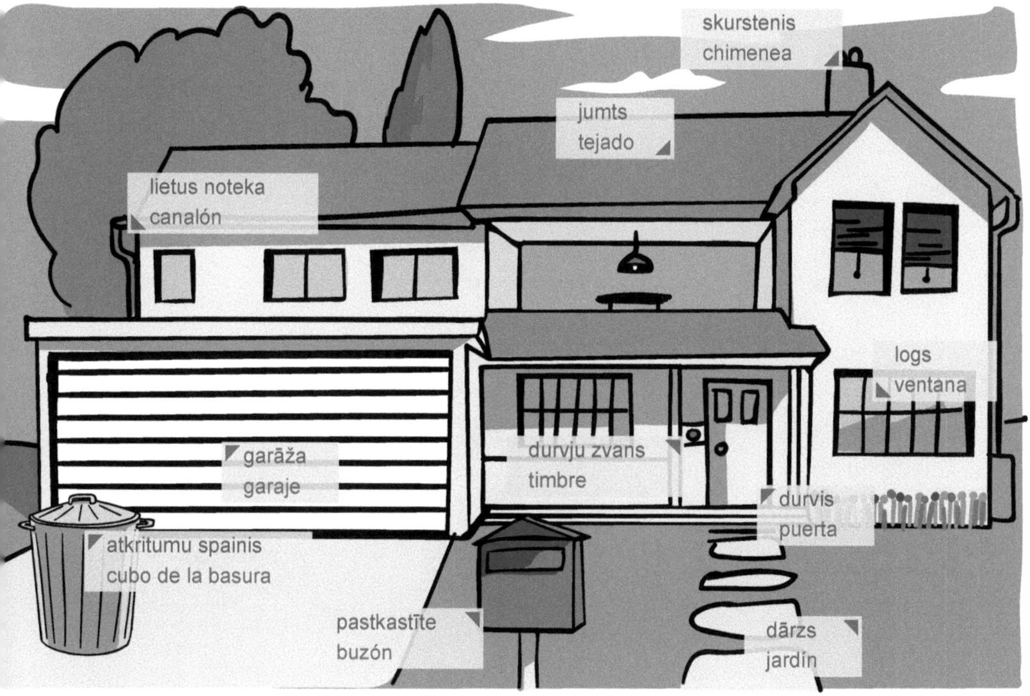

skurstenis
chimenea

jumts
tejado

lietus noteka
canalón

logs
ventana

garāža
garaje

durvju zvans
timbre

durvis
puerta

atkritumu spainis
cubo de la basura

pastkastīte
buzón

dārzs
jardín

viesistaba
sala

vannas istaba
cuarto de baño

virtuve
cocina

guļamistaba
dormitorio

bērnu istaba
habitación de los niños

ēdamistaba
comedor

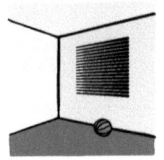

grīda
suelo

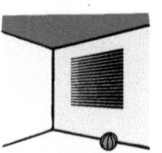

siena
pared

griesti
techo

pagrabs
sótano

sauna
sauna

balkons
balcón

terase
terraza

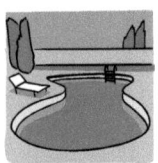

baseins
piscina

zāles pļāvējs
cortacésped

gultas veļa
sábana

sega
colcha

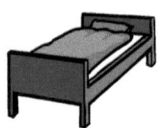

gulta
cama

slota
escoba

spainis
balde

slēdzis
interruptor

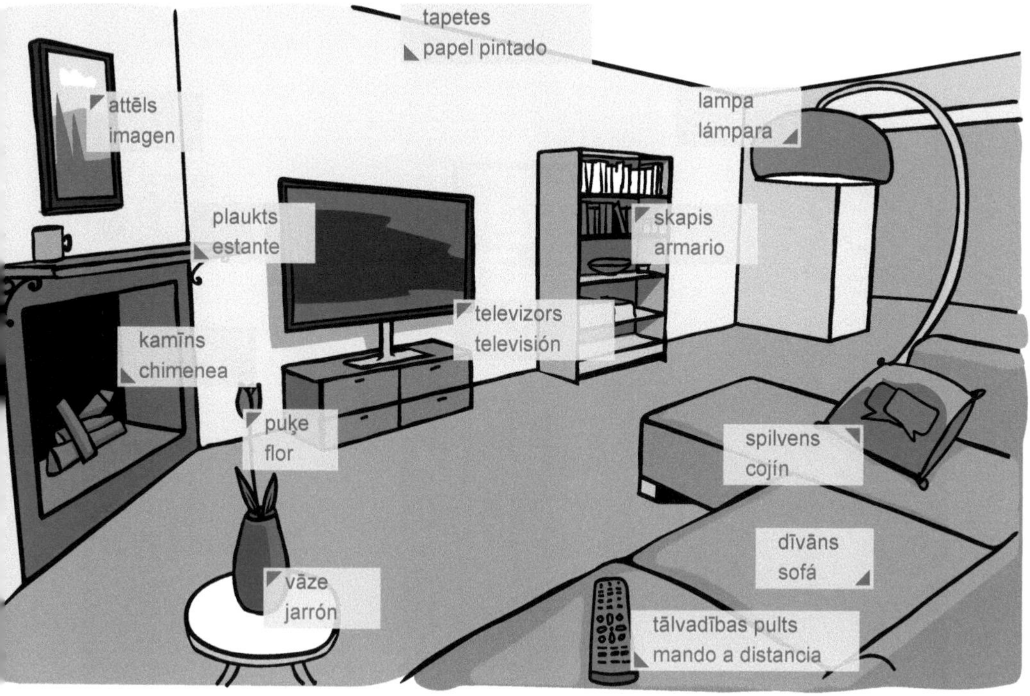

tapetes
papel pintado

attēls
imagen

lampa
lámpara

plaukts
estante

skapis
armario

kamīns
chimenea

televizors
televisión

puķe
flor

spilvens
cojín

dīvāns
sofá

vāze
jarrón

tālvadības pults
mando a distancia

paklājs
alfombra

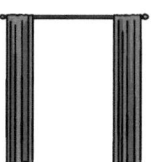

aizkars
cortina

galds
mesa

krēsls
silla

šūpuļkrēsls
mecedora

atpūtas krēsls
butaca

grāmata

libro

sega

manta

dekorācija

decoración

malka

leña

filma

película

mūzikas centrs

equipo de música

atslēga

llave

avīze

periódico

glezna

pintura

plakāts

póster

radio

radio

pierakstu blociņš

cuaderno

putekļu sūcējs

aspiradora

kaktuss

cactus

svece

vela

virtuve
cocina

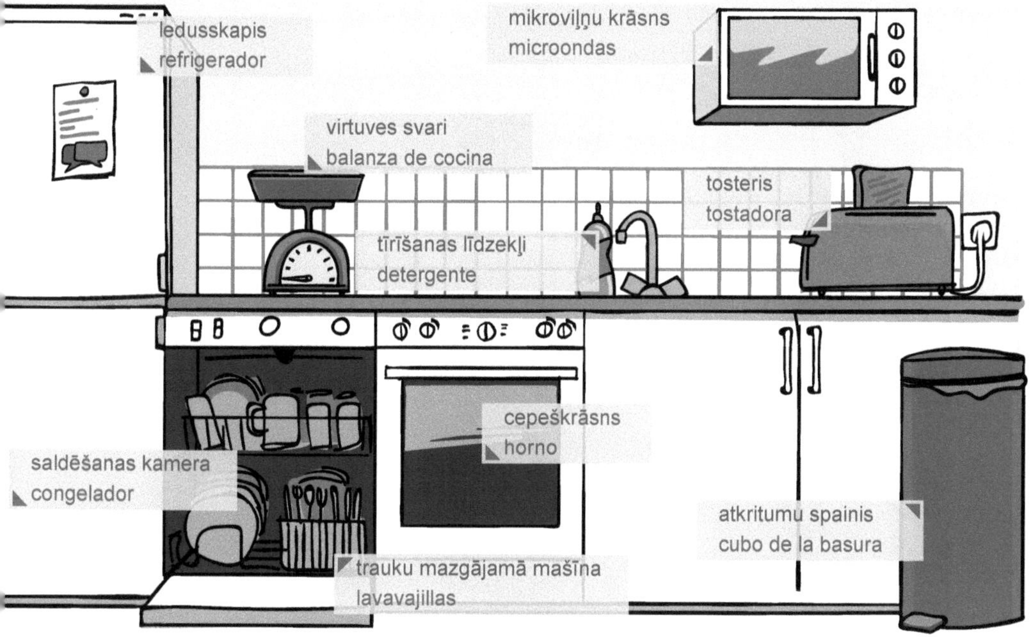

ledusskapis
refrigerador
mikroviļņu krāsns
microondas
virtuves svari
balanza de cocina
tosteris
tostadora
tīrīšanas līdzekļi
detergente
cepeškrāsns
horno
saldēšanas kamera
congelador
atkritumu spainis
cubo de la basura
trauku mazgājamā mašīna
lavavajillas

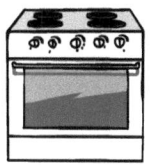

plīts
olla a presión

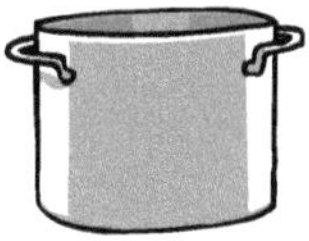

pods
olla

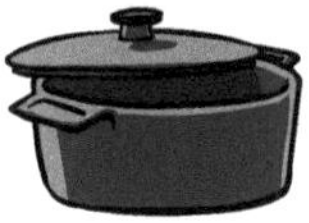

katls
olla de hierro fundido

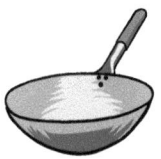

Wok panna
wok / karahi

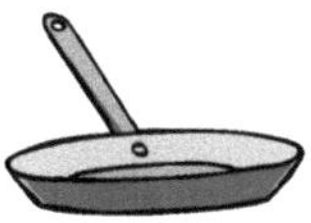

panna
cazuela

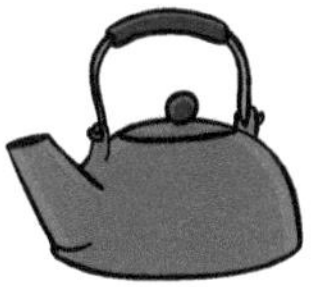

elektriskā tējkanna
hervidor

tvaika katls

vaporera

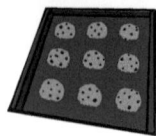

cepešpanna

chapa de horno

trauki

vajilla

krūze

taza

bļoda

tazón

irbulīši

palillos

kauss

cucharón

lāpstiņa

espumadera

putošanas slotiņa

batidor

sietiņš

colador

siets

cedazo

rīve

rallador

piesta

mortero

grilēt

barbacoa

atklāts pavards

hoguera

dēlis

tabla de picar

mīklas rullis

rodillo

korķu viļķis

sacacorchos

bundža

lata

konservu nazis

abrelatas

virtuves cimdi

agarrador

izlietne

lavabo

birste

cepillo

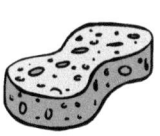

sūklis

esponja

mikseris

batidora

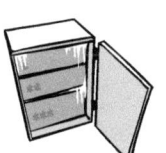

saldētava

congelador

bērna pudelīte

biberón

ūdenskrāns

grifo

vannas istaba

cuarto de baño

apkure
calefacción
dvielis
toalla
duša
ducha
dušas aizkari
cortina de la ducha
vannas putas
baño de espuma
vanna
bañera
glāze
vaso
veļas mašīna
lavadora
ūdenskrāns
grifo
flīzes
baldosas
podiņš
orinal
izlietne
lavabo

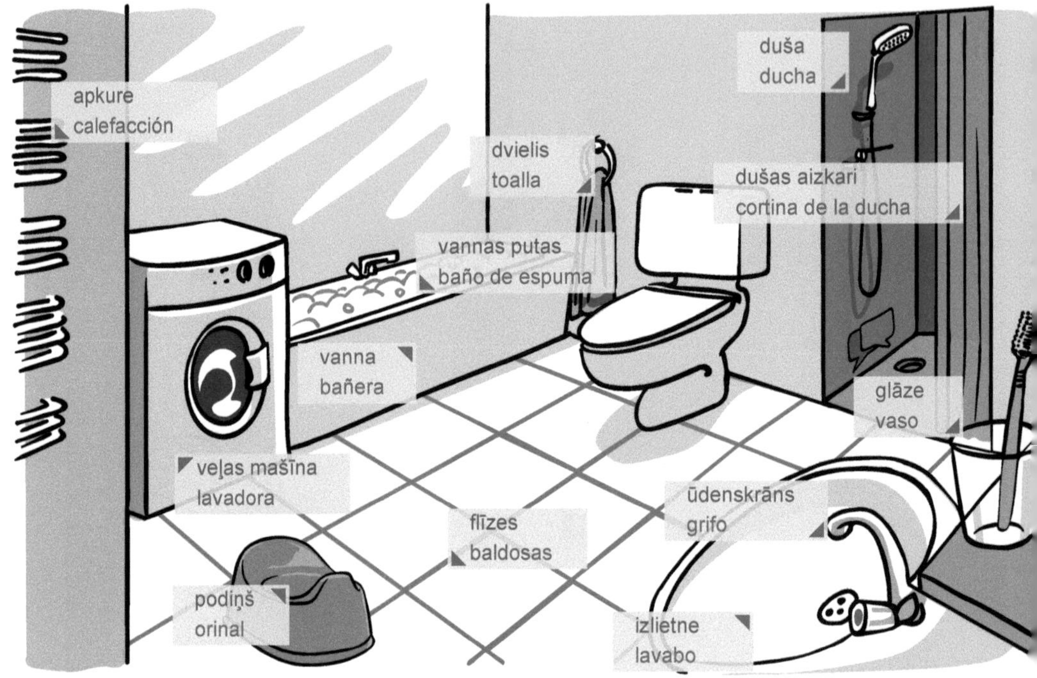

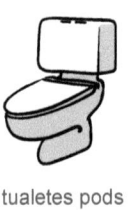

tualetes pods

inodoro

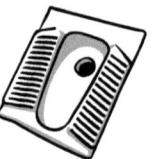

Āzijas tipa tualete

inodoro rústico

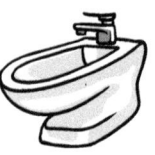

bidē

bidé

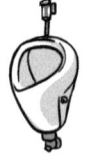

pisuārs

urinario

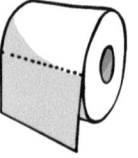

tualetes papīs

papel higiénico

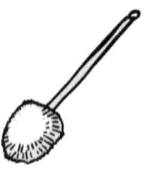

tualetes birste

escobilla del váter

zobu birste

cepillo de dientes

zobu pasta

pasta de dientes

zobu diegs

hilo dental

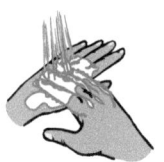

mazgāt

lavar

rokas duša

ducha de mano

duša

ducha íntima

bļoda

pila

muguras mazgāšanas birste

cepillo de espalda

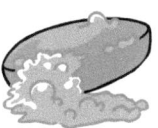

ziepes

jabón

dušas želeja

gel de ducha

šampūns

champú

mazgāšanas drāna

toallita

noteka

desagüe

krēms

crema

dezodorants

desodorante

spogulis

espejo

spogulītis

espejo de tocador

skuveklis

maquinilla de afeitar

skūšanās putas

espuma de afeitar

losjons pēc skūšanās

loción postafeitado

ķemme

peine

matu suka

cepillo

matu fēns

secador

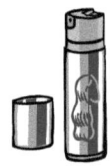

matu laka

laca

grima komplekts

maquillaje

lūpu krāsa

pintalabios

nagulaka

pintauñas

vate

algodón

šķērītes

cortauñas

smaržas

perfume

kosmētikas maks

estuche de viaje

ķeblītis

banqueta

svari

balanza

halāts

albornoz

tīrīšanas cimdi

guantes de goma

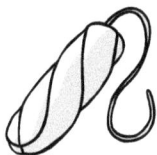

tampons

tampón

pakete

compresa

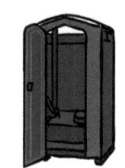

ķīmiskā tualete

inodoro químico

bērnu istaba
habitación de los niños

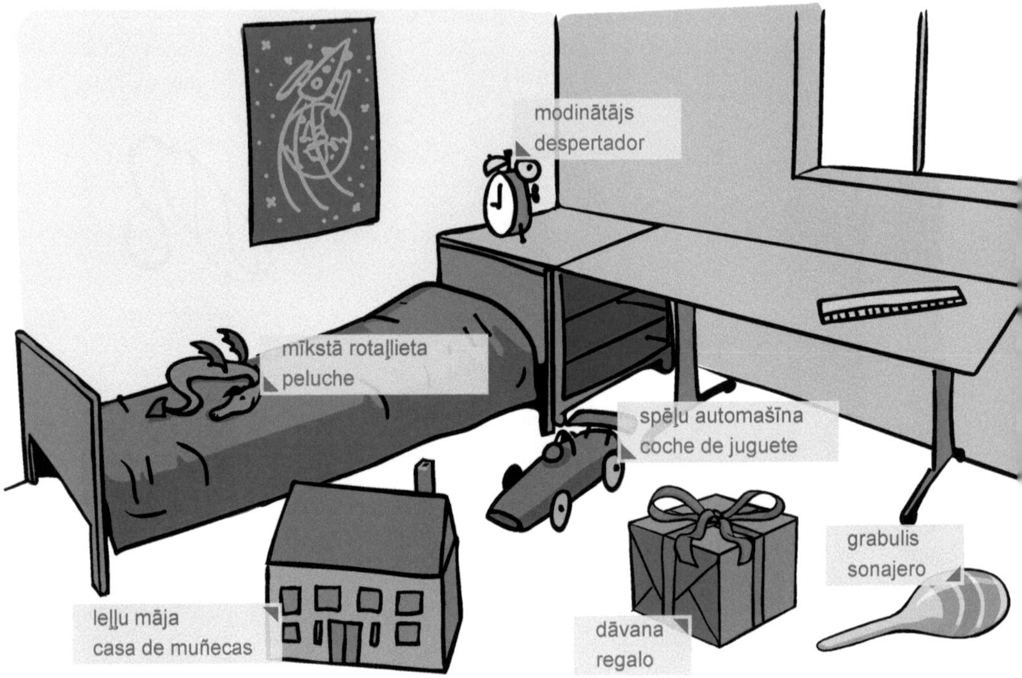
modinātājs
despertador
mīkstā rotaļlieta
peluche
spēļu automašīna
coche de juguete
grabulis
sonajero
leļļu māja
casa de muñecas
dāvana
regalo

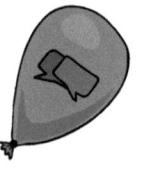

balons
globo

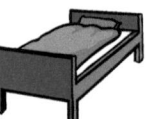

gulta
cama

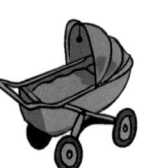

bērnu ratiņi
coche de niño

kārtis
naipes

puzle
puzle

SUPER
MEGA

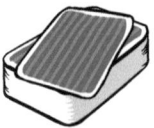

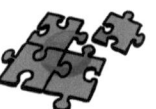

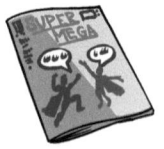

komikss
tebeo

LEGO klucīši

piezas de lego

klucīši

bloques de juguete

varoņu figūra

figura de acción

rāpulītis

bodi (de bebé)

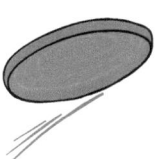

lidojošais šķīvītis

frisbee

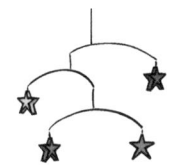

muzikālais karuselis

colgador móvil para bebés

galda spēle

juego de mesa

metamais kauliņš

dados

rotaļu dzelzceļš

circuito de tren eléctrico

māneklis

maniquí

ballīte

fiesta

bilžu grāmata

álbum de fotos

bumba

pelota

lelle

muñeca

spēlēt

jugar

smilšu kaste

cajón de arena

šūpoles

columpio

rotaļlietas

juguetes

spēļu konsole

videoconsola

trīsritenis

triciclo

plīša lācītis

oso de peluche

drēbju skapis

guardarropa

apģērbs

ropa

īszeķes

calcetines

zeķes

medias

zeķbikses

leotardos

šalle
bufanda

siksna
cinturón

lietussargs
paraguas

T-krekls
camiseta

botas
deportivas

zābaks
botas

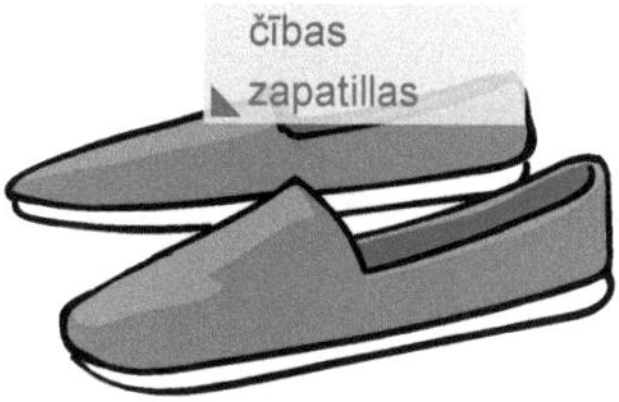

čības
zapatillas

sandales
....
sandalias

kurpes
....
zapatos

gumijas zābaki
....
botas de goma

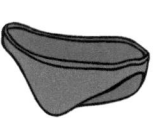

apakšbikses
....
slip

krūšturis
....
sostén

apakškrekls
....
chaleco

bodijs

bodi

bikses

pantalones

džinsi

vaqueros

svārki

falda

blūze

blusa

krekls

camisa

pulovers

jersey

džemperis

suéter

žakete

blazer

jaka

chaqueta

mētelis

abrigo

lietus mētelis

gabardina

kostīms

traje

kleita

vestido

kāzu kleita

vestido de novia

uzvalks

traje

naktskrekls

camisón

pidžama

pijama

sari

sari

lakats

bandana

turbāns

turbante

burka

burka

kaftāns

caftán

abaja

abaya

peldkostīms

traje de baño

peldbikses

bañador

šorti

pantalones cortos

treniņtērps

chándal

priekšauts

delantal

cimdi

guantes

poga

botón

brilles

gafas

rokassprādze

brazalete

kaklarota

collar

gredzens

anillo

auskars

pendiente

cepure

gorra

drēbju pakaramais

percha

platmale

sombrero

kaklasaite

corbata

rāvējslēdzējs

cremallera

ķivere

casco

bikšturi

tirantes

skolas forma

uniforme escolar

uniforma

uniforme

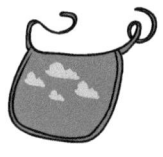

priekšautiņš

babero

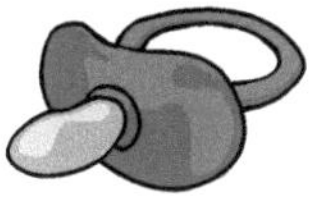

māneklis

maniquí

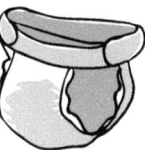

autiņbiksītes

pañal

birojs

oficina

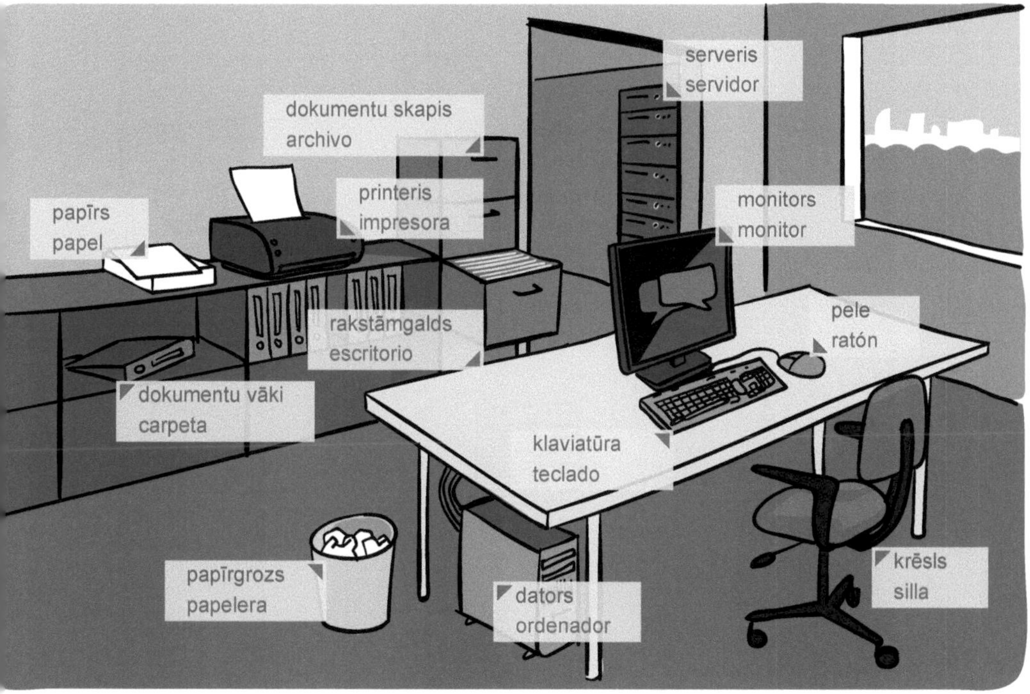

serveris
servidor
dokumentu skapis
archivo
papīrs
papel
printeris
impresora
monitors
monitor
rakstāmgalds
escritorio
pele
ratón
dokumentu vāki
carpeta
klaviatūra
teclado
papīrgrozs
papelera
dators
ordenador
krēsls
silla

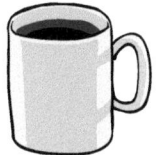

kafijas krūze

taza de café

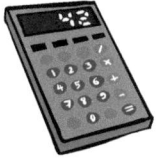

kalkulators

calculadora

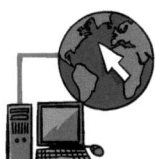

internets

internet

portatīvais dators	vēstule	ziņa
portátil	carta	mensaje

mobilais tālrunis	tīkls	kopētājs
móvil	red	fotocopiadora

programmatūra	telefons	rozete
software	teléfono	toma de corriente
	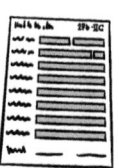	
faksa aparāts	formulārs	dokuments
fax	formulario	documento

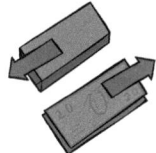

pirkt

comprar

samaksāt

pagar

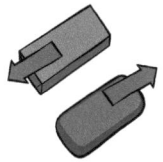

tirgot

comerciar

nauda

dinero

dolārs

dólar

eiro

euro

jēna

yen

rublis

rublo

franks

franco suizo

juaņa renminbi

renminbi yuan

rūpija

rupia

bankomāts

cajero automático

valūtas maiņas punkts

oficina de cambio de divisas

zelts

oro

sudrabs

plata

nafta

petróleo

enerģija

energía

cena

precio

līgums

contrato

nodoklis

impuesto

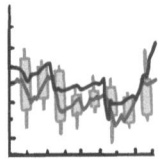

akcija

acción

strādāt

trabajar

darbinieks

empleado

darba devējs

empleador

fabrika

fábrica

veikals

tienda

ugunsdzēsējs
bombero

policists
agente de policía

pavārs
cocinero

ārsts
médico

pilots
piloto

dārznieks
jardinero

galdnieks
carpintero

šuvēja
costurera

tiesnesis
juez

ķīmiķis
farmacéutico

aktieris
actor

autobusa vadītājs

conductor de autobús

taksometra vadītājs

taxista

zvejnieks

pescador

apkopēja

señora de la limpieza

jumiķis

techador

viesmīlis

camarero

mednieks

cazador

gleznotājs

pintor

maiznieks

panadero

elektriķis

electricista

celtnieks

obrero

inženieris

ingeniero

miesnieks

carnicero

skārdnieks

fontanero

pastnieks

cartero

karavīrs

soldado

arhitekts

arquitecto

kasieris

cajero

florists

florista

frizieris

peluquero

konduktors

revisor

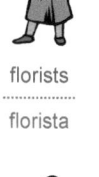

mehāniķis

mecánico

kapteinis

capitán

zobārsts

dentista

zinātnieks

científico

rabīns

rabino

imāms

imán

mūks

monje

mācītājs

sacerdote

instrumenti
herramientas

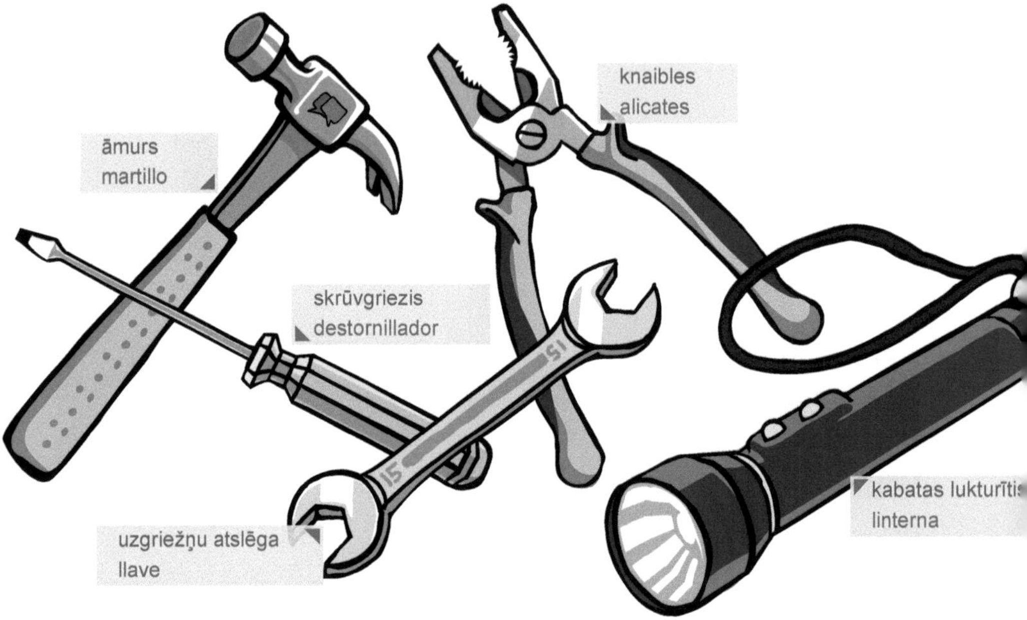
āmurs
martillo
knaibles
alicates
skrūvgriezis
destornillador
uzgriežņu atslēga
llave
kabatas lukturītis
linterna

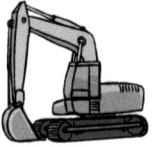

ekskavators

excavadora

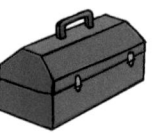

instrumentu kaste

caja de herramientas

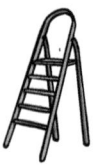

kāpnes

escalera de mano

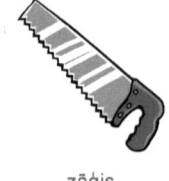

zāģis

sierra

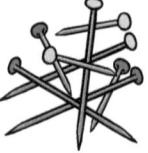

naglas

clavos

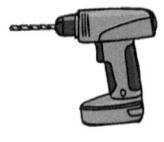

urbis

taladro

remontēt

reparar

lāpsta

pala

Velns!

¡Maldita sea!

liekšķere

recogedor

krāsas bundža

bote de pintura

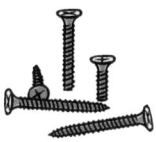

skrūves

tornillos

mūzikas instrumenti
instrumentos musicales

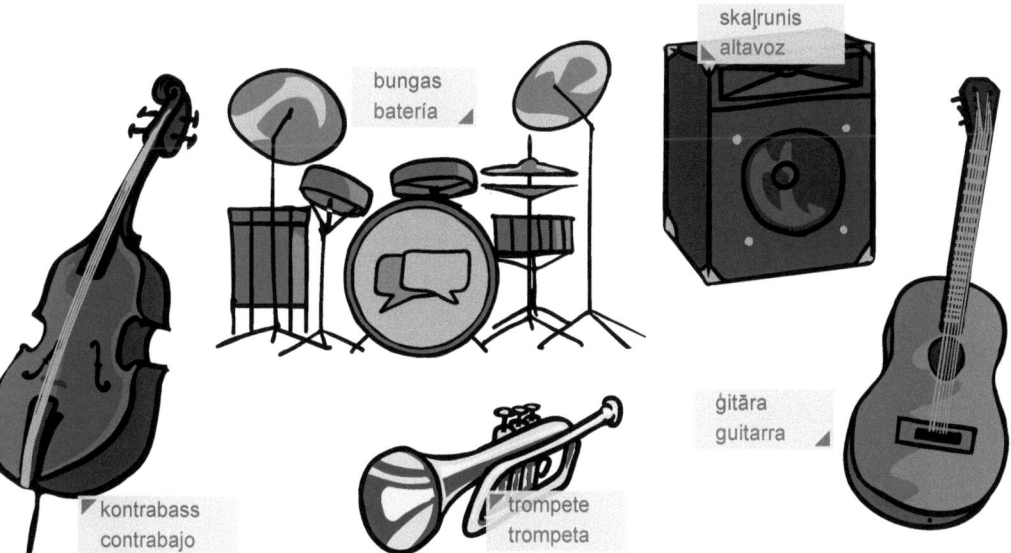

skaļrunis
altavoz

bungas
batería

ģitāra
guitarra

kontrabass
contrabajo

trompete
trompeta

klavieres

piano

vijole

violín

bass

bajo

timpāni

timbales

bungas

tambor

digitālās klavieres

teclado

saksofons

saxofón

flauta

flauta

mikrofons

micrófono

zooloģiskais dārzs
zoo

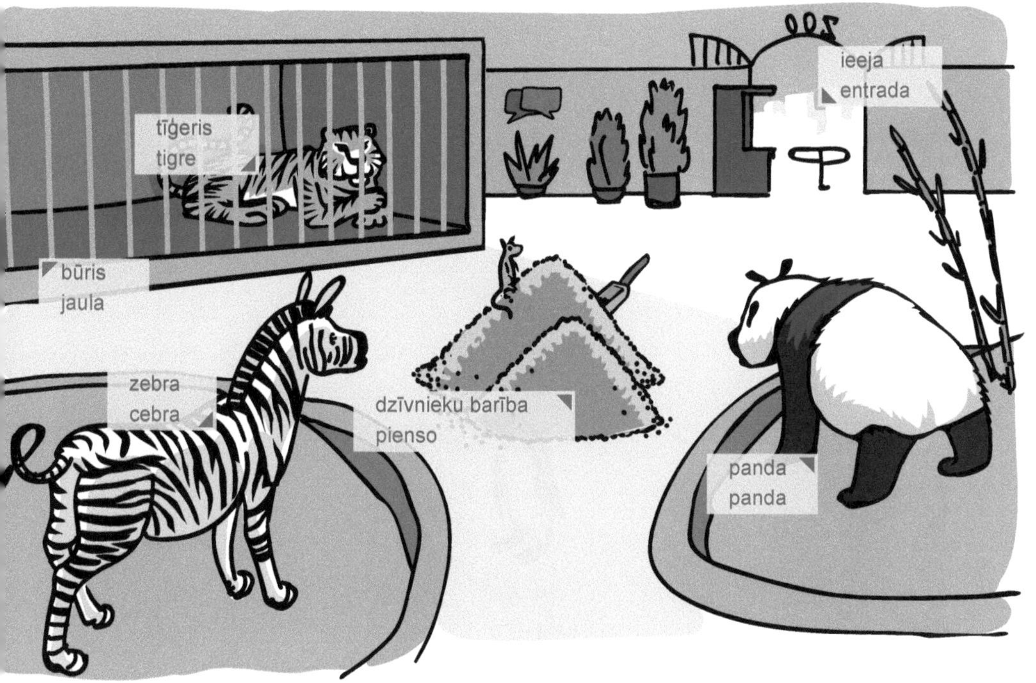

tīģeris
tigre
ieeja
entrada
būris
jaula
zebra
cebra
dzīvnieku barība
pienso
panda
panda

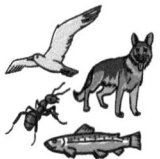

dzīvnieki

animales

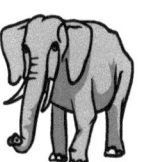

zilonis

elefante

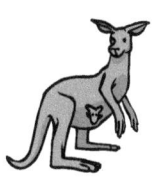

ķengurs

canguro

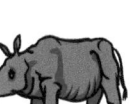

degunradzis

rinoceronte

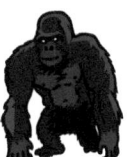

gorilla

gorila

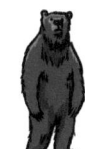

lācis

oso

kamielis

camello

strauss

avestruz

lauva

león

pērtiķis

mono

flamings

flamingo

papagailis

loro

polārlācis

oso polar

pingvīns

pingüino

haizivs

tiburón

pāvs

pavo real

čūska

serpiente

krokodils

cocodrilo

zoodārza sargs

guardián de zoológico

ronis

foca

jaguārs

jaguar

zooloģiskais dārzs - zoo

ponijs

poni

leopards

leopardo

nīlzirgs

hipopótamo

žirafe

jirafa

ērglis

águila

meža cūka

jabalí

zivs

pescado

bruņurupucis

tortuga

valzirgs

morsa

lapsa

zorro

gazele

gacela

amerikāņu futbols
fútbol americano

riteņbraukšana
ciclismo

teniss
tenis

basketbols
baloncesto

peldēšana
natación

bokss
boxeo

hokejs
hockey sobre hielo

futbols
fútbol

badmintons
bádminton

vieglatlētika
atletismo

rokas bumba
balonmano

slēpošana
esquí

polo
polo

darbības
actividades

smieties
reír
lēkt
saltar
apskaut
abrazar
iet
caminar
dziedāt
cantar
sapņot
soñar
lūgt
rezar
skūpstīt
besar

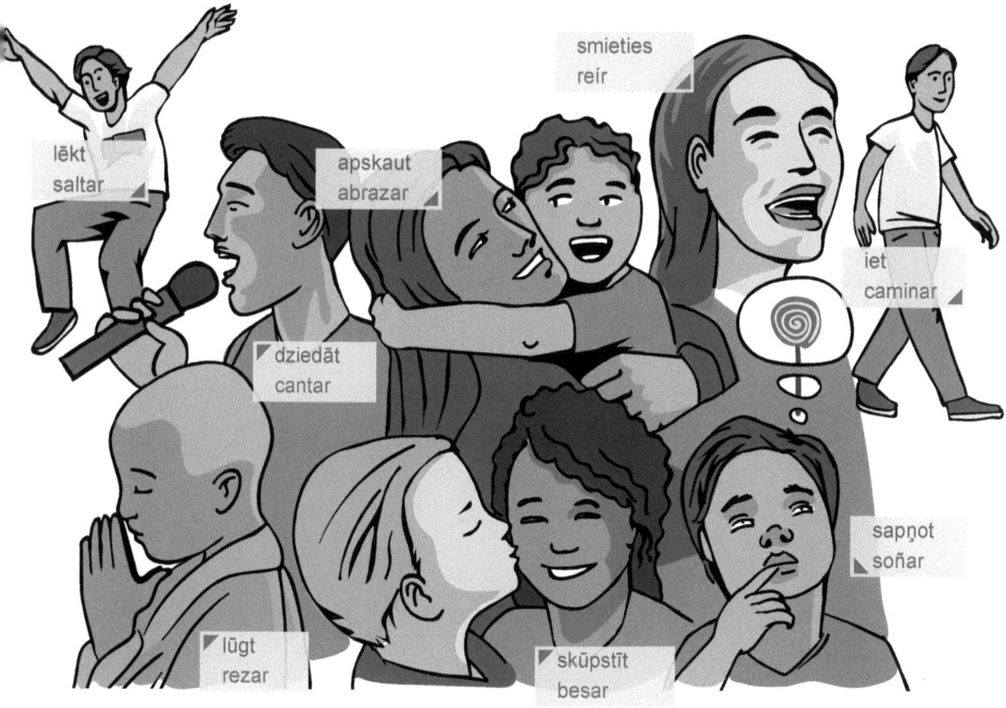

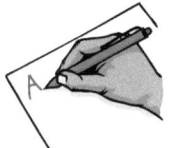

rakstīt

escribir

zīmēt

dibujar

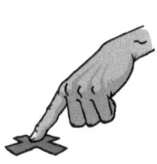

rādīt

mostrar

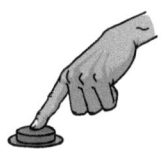

spiest

empujar

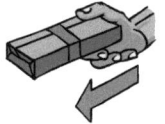

dot

dar

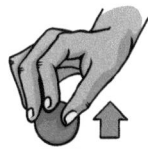

ņemt

tomar

būt

tener

darīt

hacer

būt

ser

stāvēt

estar de pie

skriet

correr

vilkt

tirar

mest

tirar

krist

caer

gulēt

yacer

gaidīt

esperar

nest

llevar

sēdēt

estar sentado

uzģērbt

vestirse

gulēt

dormir

pamosties

despertar

skatīties

mirar

raudāt

llorar

glāstīt

acariciar

ķemmēt

peinar

runāt

hablar

saprast

entender

jautāt

preguntar

dzirdēt

escuchar

dzert

beber

ēst

comer

sakārtot

ordenar

mīlēt

amar

vārīt

cocinar

braukt

conducir

lidot

volar

darbības - actividades

burot

navegar

rēķināt

calcular

lasīt

leer

mācīties

aprender

strādāt

trabajar

precēties

casarse

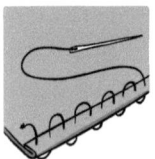

šūt

coser

tīrīt zobus

cepillarse los dientes

nogalināt

matar

smēķēt

fumar

sūtīt

enviar

vecāmāte
abuela

vectēvs
abuelo

tēvs
padre

māte
madre

mazulis
bebé

meita
hija

dēls
hijo

viesis
....
invitado

tante
....
tía

onkulis
....
tío

brālis
....
hermano

māsa
....
hermana

ķermenis

cuerpo

piere
frente
acs
ojo
plecs
hombro
pirksts
dedo
seja
cara
zods
barbilla
roka
mano
kāja
pierna
krūtis
pecho
roka
brazo

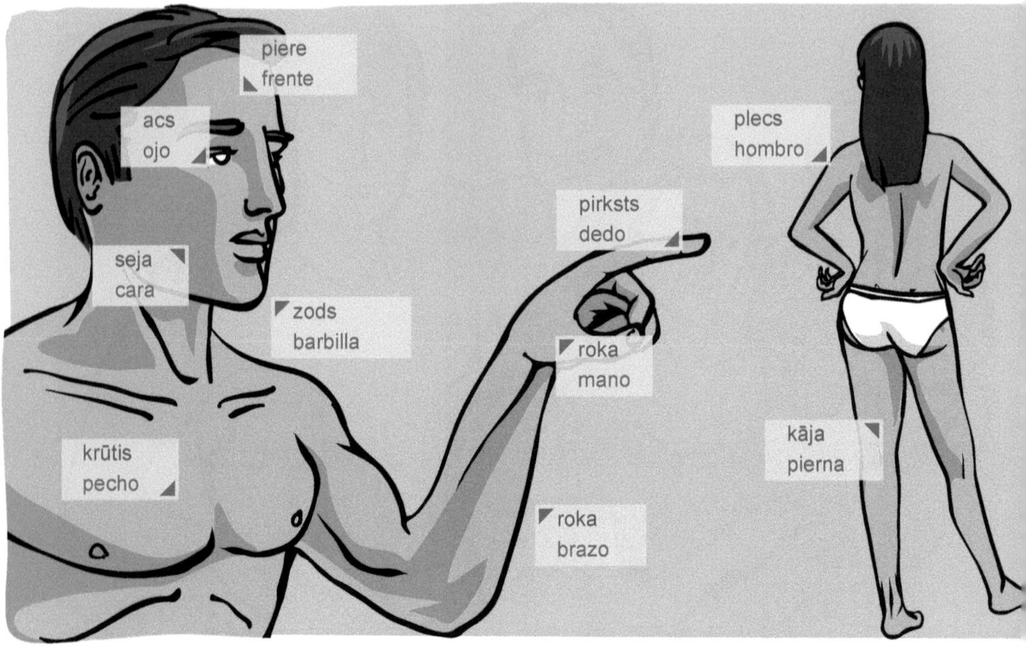

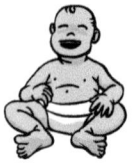

mazulis
bebé

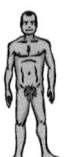

vīrietis
hombre

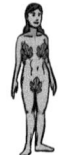

sieviete
mujer

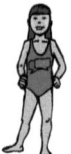

meitene
chica

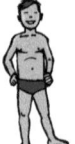

zēns
chico

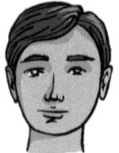

galva
cabeza

mugura

espalda

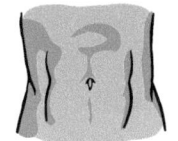

vēders

vientre

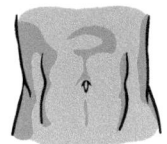

naba

ombligo

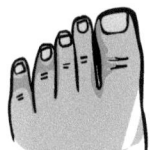

kājas pirksts

dedo del pie

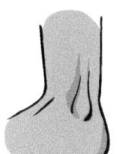

papēdis

talón

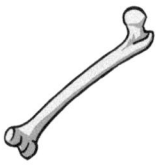

kauls

hueso

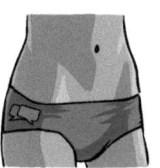

gurns

cadera

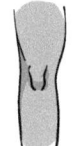

celis

rodilla

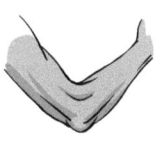

elkonis

codo

deguns

nariz

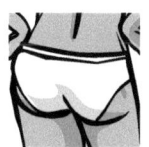

dibens

trasero

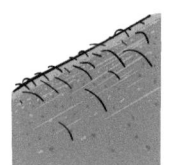

āda

piel

vaigs

mejilla

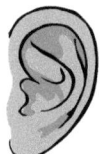

auss

oído

lūpa

labio

mute
....
boca

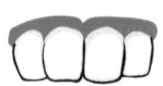

zobs
....
diente

mēle
....
lengua

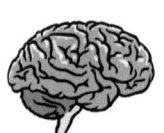

smadzenes
....
cerebro

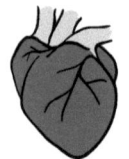

sirds
....
corazón

muskulis
....
músculo

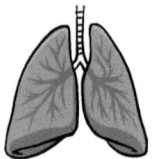

plaušas
....
pulmón

aknas
....
hígado

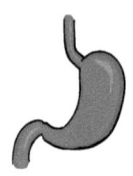

kuņģis
....
estómago

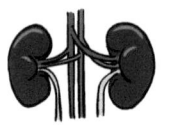

nieres
....
riñones

dzimumakts
....
sexo

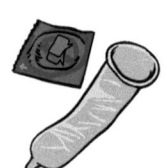

kondoms
....
condón

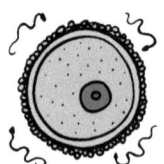

olšūna
....
ovario

sperma
....
semen

grūtniecība
....
embarazo

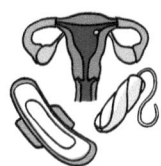

menstruācijas
menstruación

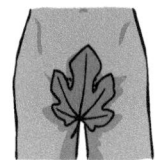

vagīna
vagina

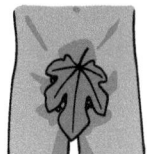

penis
pene

uzacs
ceja

mati
pelo

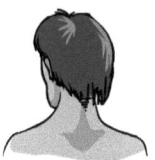

kakls
cuello

slimnīca
hospital

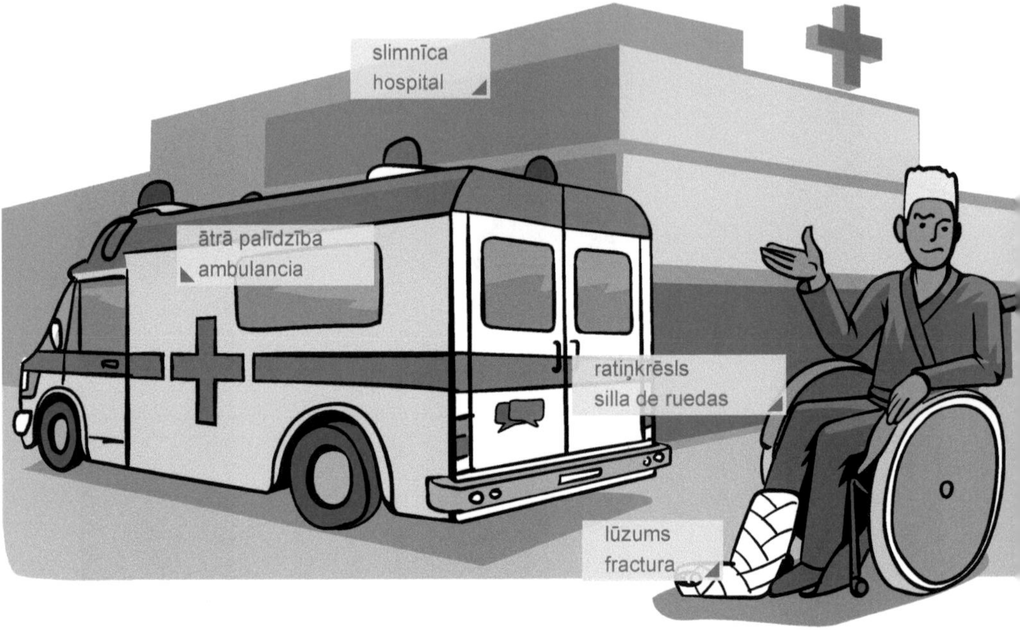

slimnīca
hospital
ātrā palīdzība
ambulancia
ratiņkrēsls
silla de ruedas
lūzums
fractura

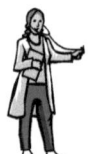

ārsts

médico

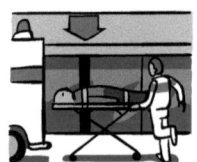

neatliekamās palīdzības nodaļa

sala de urgencias

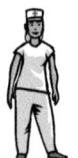

medmāsa

enfermera

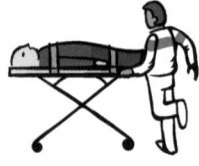

ārkārtas gadījums

urgencia

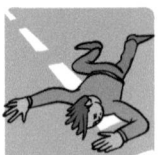

paģībis

inconsciente

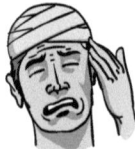

sāpes

dolor

ievainojums

lesión

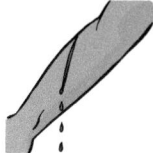

asiņošana

hemorragia

sirdslēkme

infarto

insults

ictus

alerģija

alergia

klepus

tos

temperatūra

fiebre

gripa

gripe

caureja

diarrea

galvassāpes

dolor de cabeza

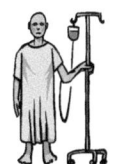

vēzis

cáncer

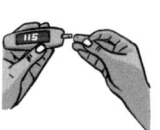

diabēts

diabetes

ķirurgs

cirujano

skalpelis

bisturí

operācija

operación

datortomogrāfija

TAC

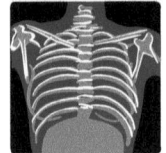

rentgents

rayos x

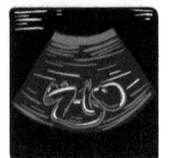

ultraskaņa

ultrasonido

sejas maska

mascarilla

slimība

enfermedad

uzgaidāmā telpa

sala de espera

kruķis

muleta

plāksteris

tirita

apsējs

venda

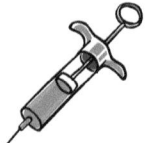

injekcija

inyección

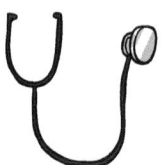

stetoskops

estetoscopio

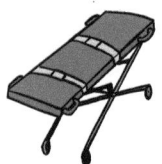

nestuves

camilla

termometrs

termómetro

dzemdības

nacimiento

liekais svars

sobrepeso

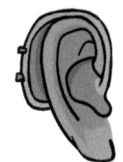

dzirdes aparāts

audífono

dezinfekcijas līdzeklis

desinfectante

infekcija

infección

vīruss

virus

HIV / AIDS

VIH / SIDA

zāles

medicina

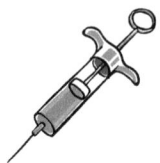

pote

vacunación

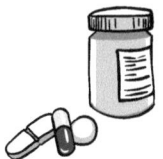

tabletes

tabletas

pretapauglošanās tablete

pastilla

ārkārtas izsaukums

llamada de urgencia

asinsspiediena mērītājs

tensiómetro

slims / vesels

enfermo / sano

Palīgā!

¡Socorro!

trauksme

alarma

uzbrukums

asalto

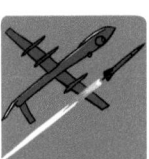

uzbrukums

ataque

bīstamība

peligro

avārijas izeja

salida de emergencia

Uguns!

¡Fuego!

ugunsdzēšamais aparāts

extintor de incendios

negadījums

accidente

pirmās palīdzības aptieciņa

botiquín de primeros
auxilios

SOS

SOS

policija

policía

Eiropa

Europa

Ziemeļamerika

Norteamérica

Dienvidamerika

Sudamérica

Āfrika

África

Āzija

Asia

Austrālija

Australia

Atlantijas okeāns

Atlántico

Klusais okeāns

Pacífico

Indijas okeāns

Océano Índico

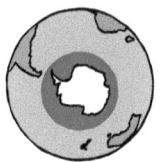

Dienvidu okeāns

Océano Antártico

Ziemeļu ledus okeāns

Océano Ártico

Ziemeļpols

polo norte

Dienvidpols

polo sur

Antarktika

Antártida

zeme

tierra

zeme

tierra

jūra

mar

sala

isla

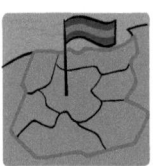

nācija

nación

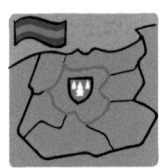

valsts

estado

ciparnīca

esfera

stundu rādītājs

manecilla de las horas

minūšu rādītājs

minutero

sekunžu rādītājs

segundero

Cik ir pulkstenis?

¿Qué hora es?

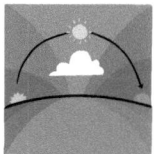

diena

día

laiks

tiempo

tagad

ahora

digitālais pulkstenis

reloj digital

minūte

minuto

stunda

hora

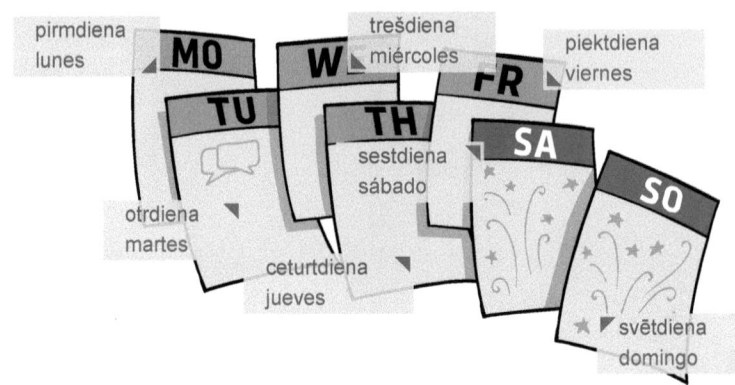

pirmdiena
lunes

trešdiena
miércoles

piektdiena
viernes

otrdiena
martes

sestdiena
sábado

ceturtdiena
jueves

svētdiena
domingo

vakardien

ayer

šodien

hoy

rītdien

mañana

rīts

mañana

pusdienlaiks

mediodía

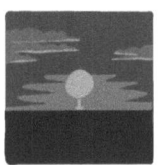

vakars

tarde

MO	TU	WE	TH	FR	SA	SU
1	2	3	4	5	6	7
8	9	10	11	12	13	14
15	16	17	18	19	20	21
22	23	24	25	26	27	28
29	30	31	1	2	3	4

darbadienas

días laborables

MO	TU	WE	TH	FR	SA	SU
1	2	3	4	5	6	7
8	9	10	11	12	13	14
15	16	17	18	19	20	21
22	23	24	25	26	27	28
29	30	31	1	2	3	4

brīvdienas

fin de semana

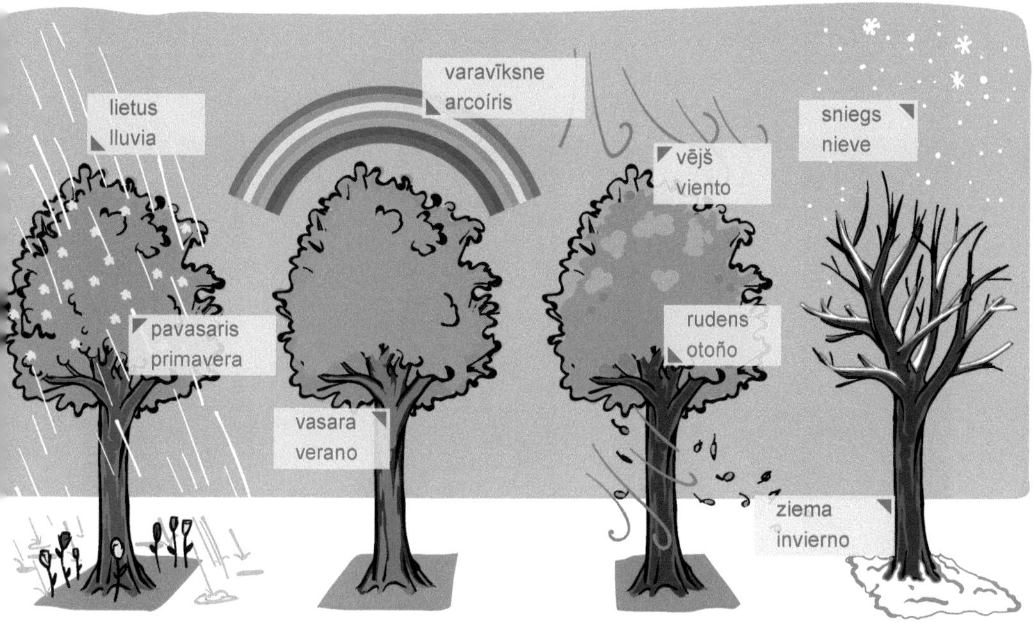

lietus
lluvia
varavīksne
arcoíris
sniegs
nieve
vējš
viento
pavasaris
primavera
rudens
otoño
vasara
verano
ziema
invierno

4.APRIL 11°
5.APRIL 4°
6.APRIL 13°
7.APRIL 8°
8.APRIL 10°

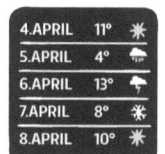

laika prognoze

pronóstico del tiempo

F C
120 40
90 30
60 20
30 10
0 0
-30 -10
-20

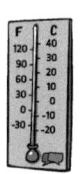

termometrs

termómetro

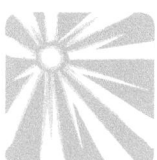

saules gaisma

sol

mākonis

nube

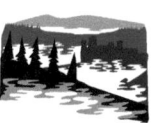

migla

niebla

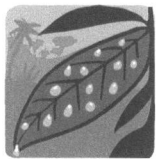

gaisa mitrums

humedad

zibens

rayo

pērkons

trueno

vētra

tormenta

krusa

granizo

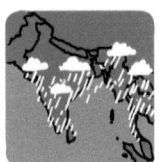

musons

monzón

plūdi

inundación

ledus

hielo

janvāris

enero

februāris

febrero

marts

marzo

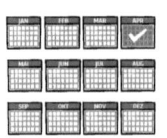

aprīlis

abril

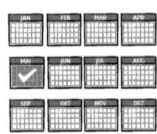

maijs

mayo

jūnijs

junio

jūlijs

julio

augusts

agosto

gads - año

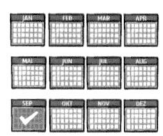

septembris
septiembre

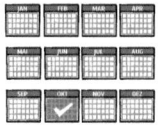

oktobris
octubre

novembris
noviembre

decembris
diciembre

aplis
círculo

kvadrāts
cuadrado

četrstūris
rectángulo

trīsstūris
triángulo

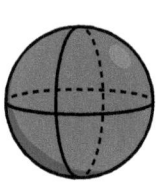

lode
esfera

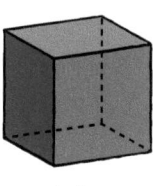

kubs
cubo

balts

blanco

dzeltens

amarillo

oranžs

anaranjado

sārts

rosa

sarkans

rojo

lillā

morado

zils

azul

zaļš

verde

brūns

marrón

pelēks

gris

melns

negro

daudz / maz

mucho / poco

saniknots / miermīlīgs

enojado / tranquilo

skaists / neglīts

bonito / feo

sākums / beigas

principio / fin

liels / mazs

grande / pequeño

gaišs / tumšs

claro / oscuro

brālis / māsa

hermano / hermana

tīrs / netīrs

limpio / sucio

pilnīgs / nepilnīgs

completo / incompleto

diena / nakts

día / noche

miris / dzīvs

muerto / vivo

plats / šaurs

ancho / estrecho

baudāms / nebaudāms

comestible / no comestible

nikns / laipns

malo / amable

satraukts / garlaikots

entusiasmado / aburrido

resns / tievs

gordo / delgado

pirmais /pēdējais

primero / último

draugs / ienaidnieks

amigo / enemigo

pilns / tukšs

lleno / vacío

ciets / mīksts

duro / blando

smags / viegls

pesado /·ligero

izsalkums / slāpes

hambre / sed

slims / vesels

enfermo / sano

nelegāls / legāls

ilegal / legal

inteliģents / dumjš

inteligente / tonto

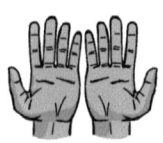

kreisais / labais

izquierda / derecha

tuvu / tālu

cerca / lejos

jauns / lietots

nuevo / usado

nekas / kaut kas

nada / algo

vecs / jauns

viejo / joven

ieslēgts / izslēgts

encendido / apagado

atvērts / slēgts

abierto / cerrado

kluss / skaļš

silencioso / ruidoso

bagāts / nabags

rico / pobre

pareizi / nepareizi

correcto / incorrecto

raupjš / gluds

áspero / suave

noskumis / laimīgs

triste / contento

īss / garš

corto / largo

lēns / ātrs

lento / rápido

slapjš / sauss

húmedo / seco

silts / vēss

cálido / frío

karš / miers

guerra / paz

0	**1**	**2**
nulle	viens	divi
cero	uno	dos

3	**4**	**5**
trīs	četri	pieci
tres	cuatro	cinco

6	**7**	**8**
seši	septiņi	astoņi
seis	siete	ocho

9	**10**	**11**
deviņi	desmit	vienpadsmit
nueve	diez	once

12

divpadsmit

doce

13

trīspadsmit

trece

14

četrpadsmit

catorce

15

piecpadsmit

quince

16

sešpadsmit

dieciséis

17

septiņpadsmit

diecisiete

18

astoņpadsmit

dieciocho

19

deviņpadsmit

diecinueve

20

divdesmit

veinte

100

simts

cien

1.000

tūkstotis

mil

1.000.000

miljons

millón

angļu

inglés

amerikāņu angļu

inglés americano

ķīniešu mandarīnu valoda

chino mandarín

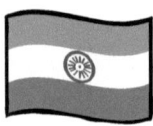

hindi

hindi

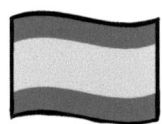

spāņu

español

franču

francés

arābu

árabe

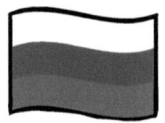

krievu

ruso

portugāļu

portugués

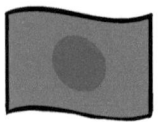

bengāļu

bengalí

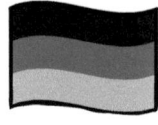

vācu

alemán

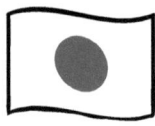

japāņu

japonés

es
....
yo

tu
....
tú

viŋš / viŋa
....
él / ella / ello

mēs
....
nosotros/as

jūs
....
vosotros/as

viŋi / viŋas
....
ellos/as

kas?
....
¿quién?

ko?
....
¿qué?

kā?
....
¿cómo?

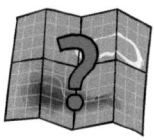

kur?
....
¿dónde?

kad?
....
¿cuándo?

vārds
....
nombre

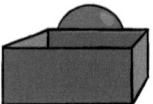

aiz

detrás

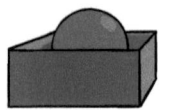

iekšā

en

priekšā

delante de

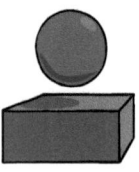

virs

por encima de

uz

sobre

zem

debajo de

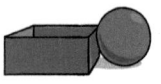

blakus

junto a

starp

entre

vieta

lugar